AF268284

H. BONDILH.

LA

DÉMOCRATIE CÉSARIENNE

ET

L'UNION LIBÉRALE

MARSEILLE

IMPRIMERIE DE JOSEPH CLAPPIER

RUE SAINT-FERRÉOL, 27

1864

DÉMOCRATIE CÉSARIENNE

ET L'UNION LIBÉRALE.

Pendant la période électorale du mois de juin dernier, on lisait une affiche dont la première phrase était ainsi conçue :

LA DÉMOCRATIE N'A POINT D'ORGANE A MARSEILLE.

Cette affirmation et ce regret de l'honorable signataire ont causé une grande surprise à ceux des électeurs qui croient savoir que la démocratie, à Marseille, n'est pas réduite à cette fâcheuse condition.

Tant s'en faut, et sans les préoccupations de ces jours de lutte, on ne pourrait comprendre que la vérité ait pu être ainsi méconnue par le candidat du cinquième canton.

M. Ramagni voudra bien nous permettre de lui faire observer que sa déclaration est loin de répondre à la réalité des faits.

Non, la démocratie n'est pas privée d'organe à Marseille; elle en possède même deux auxquels il faut rendre la justice qu'ils méritent si bien depuis quatre ans environ.

La Gazette du Midi et *Le Sémaphore* sont les deux estimables feuilles dont nous voulons parler; à moins de payer par une coupable ingratitude les éminents services qu'elles ne cessent de rendre à la démocratie avec un zèle si désintéressé, il ne faut pas hésiter à faire un aveu commandé d'ailleurs par la loyauté la plus élémentaire.

Au lieu donc de persister dans une dénégation impossible, déclarons tout haut que jamais les principes et les intérêts **de la** démocratie ne furent mieux défendus que par les journaux conjoints de l'union dite libérale.

Abstenons nous surtout de redire une odieuse calomnie qui n'a été inventée et propagée que par les faux amis de la liberté, ou soit les démocrates non fusionnistes.

La belliqueuse *Gazette* et son modeste ami le *Sémaphore* ne servent aucune coalition; ce couple si bien assorti représente les plus pures vertus du civisme immaculé; il ne s'est uni que pour hâter l'avènement des principes de la révolution. Le suffrage universel, quoique d'origine peu orléaniste et encore moins légitimiste, vient de trouver ses plus fervents apôtres qui, abjurant, sans regret et sans remord, le culte des faux dieux monarchiques, ont prêté l'héroïque serment de mourir, mais surtout de vivre pour le triomphe de la démocratie et de la libre pensée.

—

Ainsi donc, le sort en est jeté ! *La Gazette* et *Le Sémaphore* ont franchi le Rubicon des privilèges et du monopole des anciens jours. L'histoire leur rend déjà cet éclatant témoignage que leur première apparition dans la carrière démocratique a été signalée par le plus rare des bienfaits.

On ne saurait prêter une attention trop sérieuse à ce phénomène politique, nous dirions presque, à cet heureux miracle qui démontre toute la sollicitude de la Providence pour l'affermissement et pour la prospérité de la démocratie.

Jusqu'à cette heure le parti démocratique, privé probablement de guides ou de conseillers assez habiles et assez dévoués, errait à l'aventure sur l'océan révolutionnaire, et trop souvent il naufrageait sur les perfides écueils de l'émeute et de la guerre civile. Grâce aux soins fraternels de la *Gazette* et du *Sémaphore*, il a pu trouver enfin cette boussole morale, cette carte marine qui dirigeront infailliblement le vaisseau démocratique vers la rade hospitalière de la liberté vraie.

Depuis la bénédiction des arbres si malheureux de février, pareil bonheur n'était arrivé à la cause populaire. Les esprits les plus clair-voyants n'auraient jamais prévu ni soupçonné que la haute direction de la démocratie et du suffrage universel devrait être remise, un certain jour, aux feuilles du droit divin et de l'égoïsme censitaire.

Mais la force inéluctable de l'évidence doit triompher de toutes les résistances, et ce serait un aveuglement bien coupable que de fermer volontairement les yeux à cette lumière démo-cratique dont les rayons émanent de la fusion orléano-légitimiste.

C'est pourquoi nous adressons un sincère et

pressant appel à tous ceux qui éprouvent le besoin de faire ou de perfectionner leur éducation démocratique.

Une école d'enseignement supérieur est ouverte dans les bureaux de la *Gazette* et du *Sémaphore;* les docteurs de l'ultramontanisme et les professeurs émérites de l'immobilisme censitaire ont installé des chaires de suffrage universel et de démocratie fusionniste à l'usage des combinaisons électorales; ils ont organisé des cours particuliers où les profanes seront initiés aux mystères de la maçonnerie égalitaire et de l'indépendance omnicolore à la façon des grands citoyens Montalembert , Falloux et autres Dupanloup.

En sortant du cours professé par la *Gazette* on se rendra dans le temple mystique du *Séma-phore* qui s'est chargé de la partie morale de l'enseignement. C'est dans ce sanctuaire invio-lable des hautes initiations que le grand hiéro-phante du scepticisme politique voudra bien communiquer les attouchements symboliques et les mots de passe aux démocrates-fusion-nistes.

Les grades d'apprentis, de compagnons et de maîtres dans la confrérie de l'opposition indépendante seront conférés par la Vénérable *Gazette.* Le Très-Sage du *Sémaphore* s'est réservé le droit d'installer les Roses-Croix et les Chevaliers-Kadoch de l'union dite libérale.

La prestation du serment aura pour objet principal d'exiger des récipiendaires l'obligation de combattre, sans trève ni merci, le CÉSARISME, hideux fantôme dont l'apparition trouble les nuits des Catons et des Brutus royalistes.

Car il faut bien qu'on le sache, et le *Séma-phore* l'affirme sur le Saint-Évangile de la fusion, le CÉSARISME menace de devenir la terrible calamité, pour ne pas dire la grande honte de ce siècle en général et de la démocratie en particulier.

Il n'est donc pas hors de propos de s'arrêter quelque peu sur ce grave incident et de regarder en face le spectre politique évoqué par les puritains du libéralisme monarchique.

Remontons de quelques années le courant historique.

Or, c'était en 1852.

Les conservateurs, amis de l'ordre beaucoup plus que de la liberté, tout émerveillés du bonheur qui leur avait été si généreusement accordé par le Prince Président de la République, tendaient vers le Rédempteur social leurs mains pleines de bénédictions enthousiastes.

Les conservateurs portèrent alors avec une noble fierté la cocarde du césarisme !

La milice cléricale était probablement césarienne quand elle célébrait à l'envi les vertus surhumaines de celui qui avait fait reculer les flots *impurs* de la Révolution !

Ils étaient césariens ces sacristains et ces archevêques dont la voix séraphique entonnait des chants d'allégresse et de bénédictions catholiques à la gloire du Sauveur qui préservait les saints autels des insultes et des agressions criminelles de l'impiété.

Elle était donc césarienne, cette Eglise dans l'effusion de sa gratitude ; car elle eut toujours un fond inépuisable de dévouement en faveur de ceux qui la défendirent contre les révoltes de la raison et les erreurs de la philosophie.

Entre tous les conservateurs de France et de Navarre, ils furent césariens ces conservateurs de la ville de Marseille qui voulurent se distinguer par une manifestation tout exceptionnelle de leur vive reconnaissance.

Ils étaient *césariens* les amis de la *Gazette* et les intimes du *Sémaphore* quand ils firent inscrire en lettres d'or l'expression de leurs sentiments sur le fronton de l'Arc-de-Triomphe:

A LOUIS NAPOLÉON

MARSEILLE RECONNAISSANTE.

Ce jour-là, la *Gazette* ni le *Sémaphore* ne furent pas du parti de Pompée ; ils *consentirent* à vivre sous la tutelle des ministres de César, peu jaloux d'imiter le suicide de Caton ! Mais la reconnaissance des Césariens conservateurs de 1852 ne doit-elle s'attacher qu'aux actes réparateurs de l'ordre, et à la seule défaite de l'anarchie révolutionnaire ?

L'Empereur des Français serait-il moins grand et moins digne de gratitude aux yeux des césariens ultramontains et royalistes pour avoir entrepris la délivrance de la nationalité italienne ?

L'Empire serait-il doué d'une vitalité trop grande aux yeux des césariens de 1852 qui ne furent satisfaits qu'à demi de la chûte de la République, objet de leur aversion orléano-légitimiste ?

En s'affermissant et en prolongeant sa durée jusqu'en l'an de grâce 1864, l'Empire aurait-il déjoué les calculs et irrité l'impatience de Frosdorf et de Claremont, des Hébreux politiques et des théocrates qui attendent le Messie d'une restauration fusionniste ?

La dynastie Napoléonienne se serait-elle affirmée avec trop d'énergie et d'habileté contre certaines prétentions antagonistes ?

Ah ! les conservateurs césariens de 1852 sont mécontents à cette heure ; et il faut que la démocratie s'enrôle sous le drapeau de leurs rancunes indépendantes à peine d'être flétrie par les tribuns du droit divin et du monopole censitaire.

Ils sont césariens et voués aux superbes dédains de la ligue fusionniste, les démocrates qui se souviennent et qui se souviendront toujours que les zélateurs du coup d'Etat jouissaient de l'estime et de la sympathie particulière de la *Gazette du Midi* !

Ils sont césariens les démocrates qui repous-
sent les avances de la contre-révolution et qui
refusent les diplômes de civisme délivrés par les
agents de la fusion clérico-monarchiste !

Et maintenant rendons grâce aux élections
de 1863 et de 1864 !

Elles ont fourni l'heureuse occasion de recon-
naître les vrais et les faux démocrates.

Question importante, dont la solution trop
longtemps ajournée, aurait maintenu dans les
esprits une erreur bien regrettable, sans doute.

Désormais il ne sera plus permis de se trom-
per sur la probité civique de ceux qui, jusqu'à
ce jour, ont fait profession ouverte de démocratie !

Il s'agit purement et simplement de savoir
pour qui et pour quoi l'on aura voté dans les
fameuses journées de mai et de juin 1863, et
de juin 1864.

Est-ce pour la fusion royaliste ? En ce cas,
vous avez bien mérité de ceux qui en 1852,

aspiraient à l'honneur de délivrer la France des éléments *impurs* de février !

C'est bien, démocrate fusionniste, cher disciple de Robespierre, jacobin vertueux, vous êtes un sans-culotte à l'épreuve de la *Gazette* et du *Sémaphore*; on sait, dès à présent, que vous tenez d'une main ferme et incorruptible le drapeau de 1793.

La fusion est contente de vous ; elle est trop heureuse de vous adresser ses plus loyales félicitations ; veuillez agréer, avec l'expression de sa sincère reconnaissance, le brevet de haute indépendance qu'elle vous offre avec la garantie des journaux ultramontains.

Soyez donc bénis, ô démocrates anti-césariens, vous avez étonné le monde électoral par un miracle impossible à tous les saints du calendrier.

C'est par votre démocratique intervention que le parti légitimiste a pu dissimuler son impuissance numérique.

Incorruptibles héritiers des traditions révolutionnaires, aujourd'hui estampillés à la marque du droit divin et de la Sainte-Ampoule, vous avez eu le bonheur de comprendre qu'il n'y a plus d'hommes libres, qu'il n'y a plus de démo-

crates irréprochables que les auxiliaires élec-
toraux du parti de Frosdorf.

—

Un dernier mot, s'il vous plait, Messieurs les
grands pontifes de l'indépendance anti-césa-
rienne, vous qui ne fûtes pas *courtisans
flatteurs*, ni *démocrates autoritaires* en
1852.

Vous avez dit la vérité ou vous avez menti
en 1852 en confiant à la pierre monumentale
l'expression de votre gratitude conservatrice !

Dans le premier cas, vos reproches aux
démocrates césariens sont inconvenants autant
qu'absurdes en 1864.

Dans l'hypothèse d'une inscription menson-
gèrement adressée à la crédulité du peuple et à
la confiance du Souverain, ayez donc le courage
d'en demander la radiation.

Journalistes coryphées des conservateurs
mécontents, ayez donc la louable franchise
de conseiller à vos amis de se démettre de
toutes les fonctions qu'ils occupent dans les
diverses régions du gouvernement Impérial.

Alors, seulement vous aurez le droit d'exhi-
ber votre rhétorique de Brutus royalistes,

d'évoquer et de flétrir le césarisme dont vos prêtres ont acclamé et béni l'avènement au son de toutes leurs cloches, en l'an de grâce 1852.

—

Et voilà les hauts enseignements de l'histoire!

—

Parceque les vieux partis sont malades et souffrants depuis longues années, de cette nostalgie particulière désignée sous le nom de regrets dynastiques, ils réclament les douceurs de la liberté pour ce même peuple dont ils dénié et méprisé les droits aux jours de leur triste domination.

Royalistes de 1815 et de 1830 que le suffrage universel a fait rentrer dans le droit commun, vous ajournez jusqu'à des temps meilleurs vos *allelluia* bourbonniens sur les bords de la Seine, et vous jetez de mélancoliques regards sur le malheureux héritier du roi Bomba!

Vous auriez besoin d'une faute du parti révolutionnaire pour ressaisir une couronne légitime ou quasi-légitime dans les eaux troubles de la *confusion* libérale.

Vous voulez faire échec au droit populaire sur le terrain de l'Indépendance électorale, et vous psalmodiez en faux bonrdon les versets de la sainte démocratie ! Jeunes et vieux ultra-montains, vous dénoncez le césarisme à la Révolution pour qu'elle oublie, sans doute que depuis 75 ans, vous êtes les victimaires de la liberté politique et religieuse !

Démocrates de la fusion, on vous a gratifiés de l'épithète de *religieux*; tâchez de venir en aide à ce pouvoir temporel qui a besoin de la revanche de Castelfidardo !

H. BONDILH.

Marseille. — Impr. de Jh. Clappier, rue St-Ferréol, 27.

EXTRAIT DU REGISTRE

des

Délibérations du Conseil municipal

DE LA COMMUNE DE MILIANA

SÉANCE extraordinaire du 10 mars 1883

AUTORISÉE

PAR DÉCISION DU SOUS-PRÉFET, EN DATE DU 8 MARS 1883

DÉPLACEMENT

DE

L'ÉCOLE NORMALE

DE FILLES

DE MILIANA

MILIANA
IMPRIMERIE, LIBRAIRIE ET PAPETERIE ADMINISTRATIVES A. LEGENDRE
1883

EXTRAIT DU REGISTRE

des

Délibérations du Conseil municipal

DE LA COMMUNE DE MILIANA

SÉANCE *extraordinaire du* **10** *mars* **1883.**

AUTORISÉE

PAR DÉCISION DU SOUS-PRÉFET, EN DATE DU 8 MARS 1883

DÉPLACEMENT

DE

L'ÉCOLE NORMALE

DE FILLES

DE MILIANA

MILIANA

IPRIMERIE, LIBRAIRIE ET PAPETERIE ADMINISTRATIVES A. LEGENDRE.

1883

CONSEIL MUNICIPAL DE MILIANA

DÉPLACEMENT

DE

L'ÉCOLE NORMALE

L'an mil huit cent quatre vingt-trois le 10 mars, à 9 heures du matin le Conseil municipal de la Commune de Miliana s'est réuni au lieu ordinaire de ses séances, sous la présidence de M. Pourailly Maire.

Étaient présents : MM. Pourailly, Maire,

Levasseur, Ajoint,

El Hadj Brahim, Adjoint,

Danger, Conseiller,

Legendre, id.

Martinelli, id.

Guillermond id.

Chabert, id.

Ahmed Azizi id.

Ananou, id.

Moïse Adda id.

Absent M. Ferrando id. excusé.

Les Conseillers présents, formant la majorité des membres en exercice, il a été conformément à l'article 19 de l'ordonnance royale du 28 septembre 1847, procédé immédiatement après l'ouverture de la séance, à la nomination d'un Secrétaire pris dans le sein du Conseil.

M. Chabert ayant obtenu, au scrutin, la majorité des suffrages, a été désigné pour remplir ces fonctions, qu'il a acceptées.

Prenant la parole relativement au déplacement de l'École Normale, Monsieur le Maire s'exprime ainsi :

Messieurs,

Nous avons appris avec stupeur ces jours derniers qu'une proposition que nous avions pu croire définitivement écartée, se trouvait non seulement reprise à nouveau mais bien mieux, réunissait toutes chances de s'accomplir ; je veux parler du transfert à Alger de l'École Normale primaire des filles de Miliana.

Ce déplacement funeste, destiné à jeter dans les intérêts locaux une perturbation si grande, ne peut se réaliser sans une protestation énergique de notre part. Avant que la discussion ne soit abordée, voici Messieurs, en quelques mots, l'historique de cet établissement scolaire.

Au mois de Mars 1873, M. le Recteur de l'Académie

d'Alger émit un vœu devant le Conseil Supérieur, tendant à la création en Algérie d'une École Normale de filles, pour les trois départements algériens. Des considérations toutes particulières lui firent désigner Miliana, comme l'emplacement le plus convenable.

Ce vœu fut adopté par le Conseil Supérieur, et plus tard par le Conseil général, dans toute son intégrité, et un décret ministériel en ordonnant l'ouverture de cette institution pour le 1er octobre 1874 vint consacrer le projet académique. Un local provisoire fut fourni par la commune pendant que le bâtiment spécial jugé nécessaire s'édifiait et jusqu'en 1877, époque de l'installation dans ce bâtiment neuf, l'Ecole Normale fonctionna à la satisfaction générale, malgré les motifs de plainte qui n'eussent point manqué, provenant de l'insuffisance de logement.

M. le Recteur de l'Académie d'Alger en désignant Miliana ne l'avait pas fait sans raisons sérieuses ; Miliana en effet, formait un point central pour les 3 provinces ; la salubrité du pays, l'abondance de ses eaux vives, sa température exceptionnellement modérée en Algérie, tout enfin, et surtout la tranquillité de son séjour devait militer en sa faveur. Les études devaient être plus profitables dans un milieu aussi paisible, aussi dénué de distractions toujours nuisibles. Ces considérations dont la valeur fut à cette époque reconnue par tous, auraient-elles par hasard cessé d'exister ? Certes non, et les résultats magnifiques obtenus aux examens par les élèves de l'Ecole Normale, aussi bien que l'absence complète de maladies, prouvèrent aux esprits les plus prévenus, que nul choix n'avait été mieux raisonné et mûri, nul emplacement ne pouvait être meilleur.

Si maintenant, Messieurs, nous pénétrons plus avant dans la question, il me sera facile de démontrer que la Commune de Miliana qui avait accepté la faveur qui lui était faite *sans l'avoir demandée*, a acquis des droits indiscutables à la conservation de cette faveur.

M. le Recteur d'Alger en nous octroyant l'Ecole Normale ne l'avait fait qu'à des conditions fort pénibles à remplir pour une localité aussi pauvre que la nôtre. Durant les trois années prises pour sa construction, la Commune eût à fournir en dehors d'un mobilier de 5000 frs. un local qu'elle payait à raison de 2.500 frs. l'an. L'édification du bâtiment actuel évaluée à 127.000 frs., exigea une somme de 182.972 frs. 47. En réunissant les dépenses effectuées pour cette institution on obtient le chiffre inouï de 287.101 frs. 26 qui se décompose ainsi :

Paiements aux entrepreneurs...........	182.972	47
Frais d'installation de l'Ecole Normale 1874....................	450	10
Indemnité de logement à la Directrice (2 ans à 210 frs)....................	420	»
Achat de mobilier....................	5.000	»
Location d'une Ecole Normale provisoire.	4.509	99
Assurances....................	92	70
Paiements au crédit foncier 11 1/2 annuités de 2.341 frs. 40....................	25.755	40
Paiements au crédit foncier 29 1/2 annuités de 2.341 frs. 40....................	»	»
A effectuer par le Département après cession de l'immeuble par la Commune...	67.900	60
Total.....	287.101	26

Si, à cette somme on veut ajouter la valeur du terrain (11,592 mètres carrés à 10 fr. soit 115,920 francs), fourni par la Commune et les menues dépenses de réparations, on dépassera le chiffre de 403,021 fr. 26.

J'ai cru, Messieurs, qu'il serait bon de vous faire connaître en même temps la récapitulation des dépenses engagées depuis 10 ans environ par la Commune de Niliana espérant que vous la trouveriez suffisamment instructive.

Ecole Normale primaire ci-dessus (chiffre rond)...............	403.021	
Collége Communal (chiffre rond).	160.000	681.021
Ecole communale des filles et asile (chiffre rond)............	118.000	

A ce total ajoutez le montant du projet que depuis plusieurs mois, nous avons envoyé au conseil Académique, pour l'achèvement et agrandissement de notre collège, en prévision de l'application de la loi sur l'instruction obligatoire en Algérie.......... 205.000

Vous obtiendrez pour résultat le chiffre qui semble fantastique de.................... 886.021

Existe-t-il beaucoup de localités qui, même avec un budget moins restreint que le nôtre, puissent se targuer d'avoir aussi largement contribué à la réalisation des idées du gouvernement, en ce qui concerne l'instruction ?

Et ce serait après des sacrifices aussi considérables que ce même gouvernement, croirait devoir nous récompenser par l'ingratitude ?

Mais ne récriminons pas et étudions les motifs allégués

pour justifier ce transfert désastreux. A ma connaissance il en existerait trois que voici.

Le premier et le plus sérieux en même temps consisterait dans l'impossibilité pour les sous-maîtresses de l'Ecole Normale, de trouver à Miliana des professeurs assez instruits et érudits pour compléter leur éducation ; Alger, avec ses professeurs du Lycée, des Ecoles de lettres et sciences leur procurerait au contraire toutes facilités.

Eh bien ! vraiment, Messieurs, cette raison toute spécieuse qu'elle soit ne tient pas debout, ne supporte pas l'examen. *Les dames et demoiselles qui portent le titre de sous-maîtresses, devraient-elles par hasard ce titre à la faveur, et seraient-elles incapables de remplir la mission qui leur est confiée, la formation d'élèves appelées, plus tard, à professer elles-mêmes.* Nous sommes persuadés qu'au contraire elles possèdent toutes les aptitudes exigées, et les splendides résultats qu'elles obtiennent à chaque session nous en fournissent une preuve irréfragable.

En admettant que ces jeunes maitresses aient l'intention d'élargir le cercle de leurs études, soit dans un but scientifique, soit pour atteindre à des grades universitaires plus élevés, est-il absolument indispensable que des docteurs ès-lettres ou ès-sciences deviennent leurs professeurs? Pour ma part, j'affirme que non, et qu'il leur serait facile d'atteindre ici-même, sur place, le but auquel elles aspireraient.

Le principal du collége et (si les propositions que nous avons adressées à M. le Ministre sont agréées), les deux professeurs de lettres et de sciences qui feront partie de notre enseignement, avec le professeur d'arabe et d'agriculture, suffiraient amplement, largement.

La seconde raison proviendrait de ce que Miliana n'est pas central, et de ce qu'il est trop éloigné de la voie ferrée.

Cette raison est aussi valable que la première, et par les mêmes motifs nous demanderons que la mesure que l'on se propose de prendre à notre égard, soit appliquée aux Ecoles Normales de Constantine et Oran, bien moins centrales que nous, et tout aussi dénuées de professeurs d'élite. Au surplus Messieurs, je laisserai à M. le Recteur de l'Académie lui-même, le soin de nous défendre, et j'ose espérer qu'après lecture du rapport qu'il adressait au Conseil Supérieur, (dont je joindrai la copie à la présente délibération) la conviction de M. le Ministre, sera suffisamment faite et arrêtée.

Le troisième et dernier motif est tellement puéril que j'ose à peine le mentionner. Il ne s'agirait de rien moins, que de soustraire les jeunes maîtresses ou élèves de l'Ecole Normale, aux tentatives des jeunes gens de la ville ou officiers de la garnison *trop évaporés.*

Décidément on nous la baille belle. Depuis dix ans que l'Ecole normale existe à Miliana, avons-nous jamais entendu signaler le moindre scandale ? Non et cela s'explique. La ville est trop petite, et il serait bien difficile d'y cacher la plus légère intrigue. Et puis, ou trouverait-on ici une jeune génération aussi redoutable ? Il est vrai qu'Alger ou ses environs. ne possédent ni jeunes gens, ni garnisaires ; Une ville populeuse ne peut faire courir aucuns dangers à la vertu des jeunes filles ! !

Allons donc! puisqu'il en est ainsi, je croirais manquer à mon devoir, si je ne soulevais les voiles et ne mettais enfin à nu, toutes ces intrigues, qui au su de toute la population Milianaise, ne sont conduites que par une seule main.

Voici Messieurs, les causes sinon réelles des ennuis qui nous sont créés, tout au moins celles qui sont acceptées comme véritables par la grande majorité des habitants.

La Directrice actuelle ne se trouve point à Miliana dans un milieu assez convenable sinon assez aristocratique : maîtresse de l'un des pensionnats les plus renommés de Jeunes filles à Alger, elle a dû abandonner dans cette ville des connaissances et des amitiés qu'ici elle ne peut remplacer. À une rare intelligence elle joint un esprit des plus déliés qui lui a acquis une grande influence, et certes nul choix n'eût été préférable si malheureusement elle n'avait eu une trop grande propension à donner (dans d'excellentes intentions, nous voulons le croire) à ses sous-maîtresses et élèves, une éducation et un genre fort peu en rapport avec la mission qu'elles étaient destinées à remplir. L'Académie n'a jamais eu l'idée de former des jeunes mondaines appelées à briller dans les salons ; elle ne pouvait et ne peut désirer encore aujourd'hui que des institutrices possédant une instruction sérieuse, une éducation soignée, mais ayant avec cela des goûts simples, et des manières modestes. Madame la Directrice de l'École normale ne devrait pas oublier que ce ne sont plus les jeunes filles de haute caste auxquelles elle était habituée qui lui sont confiées, mais bien des jeunes personnes de toutes classes destinées à passer la plus grande partie de leur vie dans d'infimes bourgades

On ne peut être surpris que, dépaysée dans une petite localité, Mademoiselle Sage ait cherché à se rapprocher de la ville où toutes ses relations étaient concentrées Aussi, avons-nous pu constater que les plaintes formulées contre le mauvais emplacement de l'École Normale n'ont commencé à se faire entendre que depuis l'époque où elle a été appelée à administrer cet établissement. Les deux Directrices qui de 1874 à 1879 l'avaient précédée, malgré l'insuffisance notoire du local provisoire qu'elles occupaient, malgré les ennuis que pouvait leur susciter la mauvaise appropriation de ce local, n'avaient jamais élevé la moindre protestation. MM. les Inspecteurs trouvaient de leur côté, que tout allait pour le mieux. Mais les directrices changent et les Inspecteurs aussi ! On présente aujourd'hui des objections dont l'existence avait pourtant précédé la création de l'École et qui cependant n'avaient pu l'arrêter. Pour quel motif plausible acquerraient-elles aujourd'hui plus de valeur ? Ne pourrait-on point supposer, peut-être avec raison, que MM. les Inspecteurs actuellement gagnés à l'idée de transfèrement projeté, ne se soient laissés influencer dans cette question si grave, non seulement par les prétextes spécieux et habiles qui leur ont été présentés par une personne qui sait joindre à une grande finesse, de chaudes recommandations, mais aussi dans un but purement personnel. Ce transfert, en effet, ne leur permettrait-il pas d'éviter les ennuis d'un voyage lointain et les fatigues qui en sont la conséquence ?

En tous cas Messieurs, quels que soient les motifs que l'on pourra alléguer ce n'est point par un déplacement que l'on pourrait faire disparaître les difficultés évoquées

L'installation de notre École normale à Alger ou dans ses environs, nécessiterait une dépense minimum de 5 à 600,000 francs, que le département ne voudra certainement pas engager et qui par suite incombera à l'État.

Remarquez qu'avec la moitié des rentes produites par cette somme, on pourrait avoir à Miliana les deux ou trois professeurs nécessaires, ayant tout le talent, toute la distinction désirables. D'où économie sérieuse pour l'État, qui ne peut être dédaignée.

D'un autre côté ne sera-t-il pas bien difficile à Alger (ou plutôt à Mustapha, où doit se faire la nouvelle installation), d'adjoindre une École annexe comme la nôtre, dans laquelle les futures institutrices peuvent mettre en pratique les leçons qu'elles reçoivent ?

N'a-t-on point songé, que placées auprès d'un centre où pullulent les distractions de toutes sortes, les jeunes maîtresses pourraient bien quelquefois se laisser entraîner par le courant. Un bal, une soirée théâtrale, même les petites réunions intimes, ne produiraient-elles pas des effets désastreux dans la marche de leurs études, ainsi que pour la direction de leurs classes

Bien rares sont les caractères de 18 à 25 ans qui acceptent sans difficultés le sacrifice complet de leurs jeunes années ! *Peut-être serait-il préférable de ne point faire naître des regrets dans des esprits actuellement résignés !!*

Nous plaçant enfin, Messieurs, à un dernier point de vue, je me demande dans le cas où l'École normale nous serait enlevée sans autres raisons plus valables, si la conduite de l'Université à notre égard serait bien morale ?

Cette manière de procéder ne nous donnerait-elle pas le droit de crier à l'arbitraire ?

Nous ne pouvons croire qu'une telle mesure nous soit appliquée. Si malheureusement nous nous trompions, ce serait un tel déni de toute justice, de toute équité, que, reniant nos sentiments les plus intimes, après avoir dit :

« le Cléricalisme voilà l'ennemi » nous serions obligés de retourner cet aphorisme et de dire aussi : « l'Université voilà l'ennemi ». Voilà l'ennemi, car sous le fallacieux drapeau de la diffusion de l'instruction républicaine, on promet monts et merveilles aux populations enthousiastes, puis, quand elles se sont imposé les charges les plus lourdes, les plus onéreuses, pour suivre les idées qui leur sont inculquées, alors on les étrangle ; on ne se donne même pas la peine d'y mettre les formes, brusquement, brutalement, on l s assomme.

Eh bien non, Messieurs, espérons qu'il n'en sera point ainsi, espérons que M. le Ministre de l'Instruction publique jugeant sainement la question ne voudra point donner son approbation à un projet qui en réalité ne serait que la réalisation d'un caprice de femme.

Les sacrifices énormes que la Commune de Miliana n'a point hésité à s'imposer pour l'accomplissement de l'un des vœux de l'Université, engage l'honneur de cette dernière, et dût-elle trouver quelques inconvénients à l'emplacement actuel de l'Ecole Normale, elle ne peut mentir à l'engagement moral qu'elle a pris vis-à-vis de nous.

L'un des membres du Conseil, demande à M. le Maire, de quelle manière il a appris, qu'il fût question du transfèrement de l'Ecole Normale.

M. le Maire répond que cette nouvelle lui a été communiquée par une lettre de M. Mauguin, député de la 2ᵉ circonscription, qui lui disait avoir vu M. Buisson, Inspecteur général de l'enseignement primaire revenant d'Algérie, et avoir appris de lui que ce transfèrement devait s'opérer à bref délai, et qui de plus, engageait la municipalité à prendre d'urgence une délibération motivée destinée à s'opposer à ce transfert, promettant d'user de toute son influence pour éviter à Miliana cette mesure, à son point de vue arbitraire.

A ce sujet, continue M. le Maire, je ferai remarquer que M. l'Inspecteur Buisson de passage à Miliana et après avoir pris une détermination aussi grave, n'a pas daigné aviser de sa présence le chef de la municipalité. La question en litige n'a donc pu être discutée, et il me semble que la loyauté et l'impartialité ordonnaient d'entendre les deux parties. M. Buisson s'est contenté simplement d'écouter l'accusation sans daigner s'occuper de la défense. Il est possible qu'avec un peu de condescendance et de convenance de sa part et en acceptant l'examen impartial des faits, il eût vu modifier ses impressions premières et par suite n'eût pas persisté à appuyer la demande de déplacement.

En terminant, Messieurs, une objection qui certainement nous sera opposée se présente à mon esprit, et je tiens à la combattre Nous pouvons être assurés que l'on nous dira que la surveillance des cours de l'Ecole Normale exige son rapprochement d'Alger.

Un moyen bien simple nous semble indiqué d'avance pour établir à Miliana même une surveillance rigoureuse de cet établissement.

Depuis quelque temps, il est question de l'installation d'un Inspecteur primaire. L'emplacement de ce poste nouveau est tout naturellement désigné. De Miliana, en effet, mieux que partout ailleurs, un inspecteur pourra surveiller les écoles placées sous son contrôle, qui toutes, se trouvent sur la ligne du chemin de fer. De plus, avantage précieux, en dehors de ses tournées ordinaires, il aura sur place, sous ses yeux, des établissements importants, tels que l'école primaire des garçons au collège, l'école des filles, et enfin l'Ecole Normale elle-même.

De cette manière tout serait concilié et l'on serait assuré d'un bon fonctionnement pour tout ce qui touche à l'instruction publique.

Le Conseil à l'unanimité après mûre et longue discussion sur la question, déclare se ranger à l'opinion de M. le Maire.

Déclare protester de toutes ses forces contre toute tentative de transfert, considérant un acte pareil comme un attentat contre des droits acquis et indéniables.

Décide que sa protestation sera envoyée sans retard à M. le Préfet et à M. le Gouverneur général, espérant que ces deux hauts fonctionnaires voudront bien appuyer le vœu du Conseil municipal tendant au maintien définitif de l'Ecole Normale à Miliana.

Décide en outre qu'une copie de la présente délibération sera envoyée à M. le député de la 2e circonscription qui se charge d'en faire la remise entre les mains de M. le Ministre de l'Instruction publique.

Les questions à l'ordre du jour étant épuisées, la séance est levée.

Ont signé au registre les membres présents.

Pour extrait certifié conforme,
Le Maire,
E. POURAILLY.